CÓMO CUIDAR A TU
GATITO

Escrito por Helen PIERS · Ilustrado por Kate SUTTON
Traducción: Noelia STARICCO

V&R
EDITORAS

Título original: *How To Look After Your Kitten*
Dirección editorial: Marcela Luza
Edición: Margarita Guglielmini con Nancy Boufflet
Armado: Nai Martínez

Argentina: San Martín 969 piso 10 (C1004AAS) Buenos Aires
Tel./Fax: (54-11) 5352-9444 y rotativas
e-mail: editorial@vreditoras.com

México: Dakota 274, Colonia Nápoles
CP 03810 - Del. Benito Juárez, Ciudad de México
Tel./Fax: (52-55) 5220-6620/6621 • 01800-543-4995
e-mail: editoras@vergararriba.com.mx

ISBN 978-987-747-392-6

Impreso en China • Printed in China
Marzo de 2018

Piers, Helen
   Cómo cuidar a tu gatito / Helen Piers ; ilustrado por Kate
Sutton. - 1a ed . - Ciudad Autónoma de Buenos Aires: V&R, 2018.
   32 p. : il. ; 21 x 17 cm.

   Traducción de: Noelia Staricco.
   ISBN 978-987-747-392-6

   1. Cuidado de Mascotas.
I. Sutton, Kate , ilus. II. Staricco, Noelia, trad. III. Título.
   CDD 636.8083

‖‖‖

¡Tu opinión es importante!

Puedes escribir sobre qué te pareció este libro
a **miopinion@vreditoras.com** con el título del mismo en el **"Asunto"**.

Conócenos mejor en: **www.vreditoras.com**
 facebook.com/vreditoras

CONTENIDO

GATITOS Y GATOS COMO MASCOTAS

Fue hace unos cuatro mil años que los gatos se convirtieron en los primeros animales en ingresar en los hogares de los humanos, probablemente para mantener alejados a ratones y ratas..

Hoy en día, la mayoría de los gatos sirven de compañía. No se necesita mucho dinero para mantenerlos y son muy limpios: un gato se pasa horas al día aseándose a sí mismo, y además, es fácil de entrenar. Les gusta ir y venir a su antojo. No obedecerán órdenes, como sí acatan los perros, y no puedes entrenarlos para que hagan trucos ni tampoco sacarlos a pasear con una correa. ¡Pero son excelentes mascotas! Podrían quedarse afuera, y aun así, reconocer y encontrar el camino de regreso a su hogar. Disfrutan de tu compañía y devolverán cada gesto de afecto que reciben. Te pedirán que les hagas mimos y los acaricies, y luego te mostrarán su contento con un ronroneo.

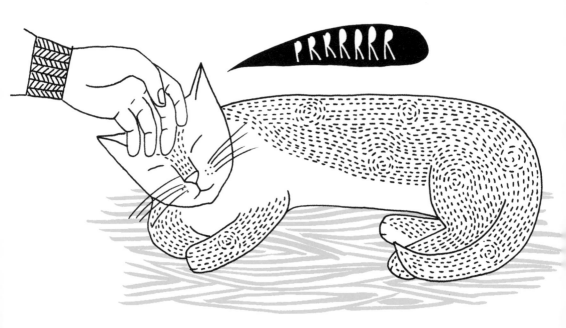

PRRRRRR

ALGUNAS COSAS QUE DEBES CONSIDERAR ANTES DE ADOPTAR UN GATITO

🐾 ¿Cuánto cuesta mantener un gato?

Mantener un gato no es costoso, pero recuerda que deberás comprarle alimento y piedras sanitarias para que haga sus necesidades.

🐾 ¿Un gato necesita que estés cuidándolo todo el tiempo?

Necesitará que lo alimentes dos veces al día, y sus piedritas deberán renovarse todos los días. Los gatos de pelo largo necesitan aseo frecuente. Si tú no estás en casa durante el día, el gato puede quedarse solo sin sufrir demasiado, pero no debes dejarlo solo cuando te vas de vacaciones. Deberás enviarlo a algún albergue especial para gatos, o incluso pedirle a algún amigo que pase unas dos veces al día por tu casa para verlo, alimentarlo y cambiar las piedritas.

🐾 ¿Hay personas alérgicas a los gatos?

Muy pocas personas contraen la fiebre del heno o rinitis alérgica, o sufren de asma o sarpullidos en la piel a causa del pelo de gato, así que solo es cuestión de tener cuidado y asegurarse de que todos estarán a salvo.

🐾 ¿Podemos tener un gato dentro de la casa todo el tiempo?

Deberás elegir tu gato con mucho cuidado si es que no tienes un jardín en casa. La mayoría de los gatos extrañarán su vida al aire libre, pero algunas razas pueden soportar vivir puertas adentro todo el año.

EL GATO INDICADO PARA TI

Es importante elegir el tipo de gato adecuado para tu casa y tu familia. Si no tienes mucho tiempo para dedicarle a su aseo, por ejemplo, entonces un gato de pelaje largo no sería tu mejor opción.

¡QUÉ LINDO!

¿Un gatito o un gato adulto?

Tanto los gatos bebés como los más grandes serán excelentes mascotas. Los gatitos son muy dulces y divertidos, y debería ser fácil entrenarlos si comienzas a hacerlo cuando aún son bebés. Sin embargo, te darán mucho trabajo. Deberás adaptar tu casa a prueba de gatos y deberás dedicarle tiempo a su entrenamiento. Con un gato adulto, sabrás exactamente qué es lo que te llevas a casa y hay muchos gatos adultos en las calles que necesitan el amor de un hogar. Una posible desventaja de adoptar un gato adulto es que tal vez venga con algunos problemas de comportamiento (como no estar acostumbrado a usar las piedras sanitarias) que podrían ser difíciles de corregir. Sin embargo, un buen centro de rescate o refugio te debería informar sobre cualquiera de esos problemas antes de que lo adoptes.

¿Macho o hembra?

Con cualquiera de las dos opciones recibirás el mismo cariño. Las hembras tienden a pasar más tiempo en la casa, mientras que a los machos les gusta deambular por las calles y hasta podrían ausentarse varios días cuando están en busca de una compañera. Si piensas esterilizar a tu gato (ver página 30), entonces no importará tanto si eliges macho o hembra.

¿De raza o callejero?

Un gato de raza pura es aquel cuyos ancestros pertenecían todos a una misma raza. Son costosos a la hora de comprarlos, pero la gente suele elegirlos porque les gusta la apariencia y el carácter específico de alguna raza en particular.

Los gatos callejeros son una mezcla de razas y, excepto por la de la madre, la procedencia de los demás ancestros suele ser desconocida. La mayoría de los gatos que tenemos como mascotas son callejeros. Suelen ser muy inteligentes e independientes, y sufren menos problemas de salud que los gatos de raza.

¿De pelaje largo o corto?

Los gatos de pelo largo son realmente hermosos, pero es necesario asearlos constantemente para que el pelaje se vea siempre en buenas condiciones.

DIFERENTES RAZAS DE GATOS

Existen más de ochenta razas diferentes de gatos. Aquí te mostramos algunas de las más populares.

Burmés

De pelo corto, elegante, atlético, desafiante y bullicioso.

Persa

De pelo largo, plácido y dulce, cariñoso, de voz suave y musical.

Siamés

De pelo corto, manchas oscuras distintivas en el rostro, orejas paraditas, patas y cola de diferente color, ojos azules, y de personalidad muy fuerte.

Sagrado de Birmania

De pelo largo, activo, juguetón, dulce, muy receptivo a la hora de ser entrenado, nace totalmente blanco y sus marcas van apareciendo con el tiempo.

Ragdoll

De pelo largo y gran tamaño, cariñoso y tranquilo; muy dócil cuando se lo levanta en brazos.

Gato americano de pelo corto

Cariñoso y juguetón, robusto y muy saludable.

Gato británico de pelo corto

Grande, tierno y muy cariñoso. Es una excelente mascota.

PREPÁRATE PARA TU MASCOTA

Antes de traer tu gato a casa, hay algunas cosas que deberás tener listas para asegurarte de que estará cómodo.

La cama

Puedes comprarla en una tienda o fabricarla con tus propias manos con una caja de cartón forrada con papel periódico. Asegúrate de colocar la cama en un rincón cálido y tranquilo de la casa, lejos de cualquier corriente de aire. También puedes colocar, dentro de la caja, un sweater viejo: tener algo con tu aroma podría hacerlo sentir incluso más cómodo.

Comida y agua

Estos tazones deberían ser de acero inoxidable, cerámica o barro cocido. Asegúrate de lavarlos todos los días para que siempre estén limpios.

Bandeja, piedras sanitarias y pala

Esta bandeja será el baño de tu gato (ver página 19). Es importante mantenerla limpia, así que deberás lavarla una vez a la semana con agua y jabón. Tu gato no querrá usarla si huele mal o está sucia.

Bolso transportador

Servirá para llevarlo a casa, y luego, para poder transportarlo hasta el veterinario o cualquier otro viaje que deban hacer juntos. Intenta que se acostumbre a este elemento desde el principio, ya que si solo lo usas para llevarlo al veterinario, podría tomarle idea y negarse a usarlo.

Kit de aseo

Los gatos de pelo largo necesitarán cepillado diario.

Juguetes

A tu gato le gustará mucho jugar. Es muy importante mantenerlo en forma y ayudarlo a evolucionar..

PREPARA TU HOGAR PARA SU LLEGADA

Los gatitos descubren los diferentes objetos al morderlos y no siempre se llegan a dar cuenta de si es peligroso o no. Así que, haz que tu hogar sea un lugar lo más seguro posible.

- Guarda todos los productos químicos que haya en la casa (productos de limpieza, medicamentos y venenos) dentro de un armario cerrado.

- Deja todas las puertas y ventanas cerradas (no dejes que tu gato salga afuera durante los primeros meses).

- Usa recipientes para la basura con tapa tanto en la cocina como en el baño.

- Mantén la tapa del inodoro siempre baja, para que no pueda treparse y caerse adentro.

- Mantén siempre las puertas del refrigerador, el horno, el microondas y la secadora cerradas para que no pueda treparse y meterse adentro.

- Asegúrate de que no haya cables sueltos que el gato pueda morder, o chimeneas abiertas por las que el gato pueda treparse.

- Mantenlo alejado de plantas que podrían ser tóxicas (los lirios o azucenas, por ejemplo).

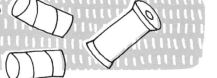

COMPRAR O ADOPTAR UN GATITO

Si quieres un gatito, primero averigua con aquellos amigos que ya tienen uno, tal vez ellos sepan de otros gatitos que necesiten un hogar.

También podrías hablar con algún veterinario o centro de refugio y rescate. Si quieres un gato de raza, deberás hallar un criador registrado. Intenta no visitar más de un criador en un mismo día, ya que podrías estar transportando alguna bacteria entre los gatos de un lugar y otro.

¿Cuál de todos?

Cuando eliges un gatito, es una buena idea observar a todas las crías y conocer a la madre primero. La personalidad y la actitud de la madre te darán una idea de cómo serán esos gatitos cuando crezcan. Tómate tu tiempo para elegir. Es muy probable que el que primero se te aproxime sin miedo sea una mejor opción ante otro que se ve asustado y se mantiene alejado, sin importar lo adorable que se vea.

 Si vas a elegir un gatito entre muchos, pide poder sostenerlos a todos en brazos para poder decidir con cuál te sientes más feliz.

ALGUNAS PREGUNTAS IMPORTANTES QUE DEBERÍAS HACERTE AL MOMENTO DE ELEGIR UNA MASCOTA

¿Está sano?

Una mascota sana debería estar siempre alerta y lista para jugar. Sus ojos deben brillar (nada de manchas rojas u ojos llorosos) y su pelaje debe verse limpio, sin faltante de pelo ni lastimaduras. Sus orejas también deben estar limpias, sin depósitos de cera, y tampoco debe haber señales de diarrea (suciedad rodeando la cola).

¿Cuál es su edad?

Lo mejor es adquirirlo cuando tiene entre 12 y 16 semanas. Para ese entonces, el gatito será lo suficientemente independiente para dejar a su madre y podrá comer sólidos. Si vas a comprar uno de raza, se quedará con su criador hasta cumplir las 13 semanas de edad.

¿A qué alimentos está acostumbrado?

Pregunta qué alimento deberás servirle y con qué frecuencia. Deberías respetar una dieta determinada y seguirla durante las primeras dos semanas. Si quieres modificar su dieta después de eso, hazlo gradualmente.

¿Ha sido vacunado?

Si es así, el criador deberá darte un certificado firmado por un veterinario.

¿Tiene un certificado de raza?

Un gato de raza debería tener un certificado de pedigrí con su fecha de nacimiento y su genealogía.

¿Ha recibido algún tipo de domesticación?

Pregunta si ha usado alguna vez la bandeja sanitaria y a qué tipo de piedras está acostumbrado.

¿Está acostumbrado a las personas?

Si tu hogar es un lugar ruidoso donde siempre hay gente, asegúrate de que el gatito esté acostumbrado a un ambiente similar.

Asegúrate de pasar tiempo con el gatito y haz todas las preguntas que quieras hacer antes de tomar la decisión de llevártelo contigo.

LLEVAR EL GATITO A CASA

El viaje

Si vas a viajar en coche, asegura con firmeza el transportador. Es probable que el gatito llore, porque estar dentro de un coche será una experiencia extraña y nueva para él, pero no abras el transportador para intentar calmarlo. Podría reaccionar mal y salir corriendo. Intenta reconfortarlo hablándole suavemente.

Hogar Dulce Hogar

Ya en casa, espera un momento antes de abrir el transportador. Dale un tiempo de tranquilidad para que se aclimate. Luego, ayúdalo a salir con mucho cuidado y déjalo que vaya a buscar su agua, su cama y sus piedritas. Es recomendable traerse las mismas piedritas que usaba el criador.

Estará nervioso al principio, así que déjalo explorarlo todo en silencio y obsérvalo. Tal vez salga corriendo a esconderse. Solo tenle paciencia y aguarda a que vuelva a salir. Se recomienda que el gato se quede en un solo cuarto de la casa durante los primeros dos días antes de que pueda andar por toda la casa.

La noche

Es posible que se sienta solo las primeras noches. Puedes ayudarlo a que se sienta más acompañado colocando, dentro de su cama, una botella de agua tibia envuelta en una toalla o una bolsa de agua caliente y un reloj que haga el ruido del tic-tac. Esto imitará, de alguna manera, el calor y los latidos del corazón de su mamá.

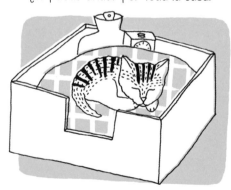

Adaptarse

Una vez que el gatito se haya acostumbrado y esté bien descansado, será momento de presentarle al resto de la familia. Todos deberán sentarse en el suelo y tocarlo solo si el gatito se les acerca. Cuando lo acaricien, hagan correr su mano desde su cabeza a lo largo del lomo (cuidado, a algunos gatos no les gustan las cosquillas en la panza).

Las semanas siguientes serán muy importantes para tu gato, porque llegará a conocerte y a confiar en ti. Sé paciente y amable, y no esperes que quiera jugar todo el tiempo. Los gatos duermen mucho, así que de seguro habrá momentos en los que prefiera dormir en lugar de jugar.

Alzar a tu gatito

La mejor manera de levantarlo es colocando una mano por debajo, justo detrás de sus patas delanteras, y dejar que "se siente" en tu otra mano. No lo levantes tomándolo del cogote y jamás aprietes demasiado su estómago con ambas manos ni tires de su cola.

HORA DE JUGAR

Tu gatito pasará jugando casi todo el tiempo que esté despierto hasta alrededor de los 5 meses. Esta es la manera en la que aprende y descubre el mundo.

Puedes jugar y divertirte con él o puedes simplemente observarlo. Incluso cuando ya sea un gato adulto, seguramente quiera jugar un rato de vez en cuando. Y recuerda, tal como sucede con los humanos, el ejercicio es importante para que se mantenga saludable.

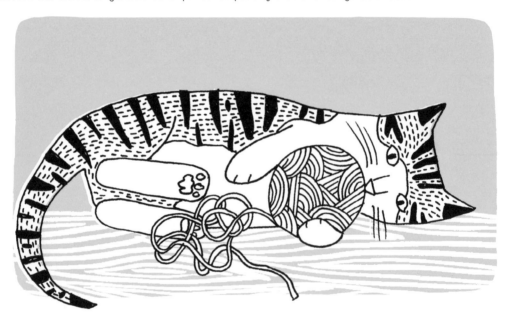

¡Juguetes por todos lados!

Puedes darle rollos de lana, juguetes suaves, pelotas hechas de papel o periódicos arrugados para que juegue. ¡Y seguramente se invente otros juguetes por su cuenta también! Solo asegúrate de que no juegue con nada filoso o lo suficientemente pequeño como para que vaya a tragárselo.

 Ten mucho cuidado de que no haya agujas cuando juegue con lana o hilos de algodón.

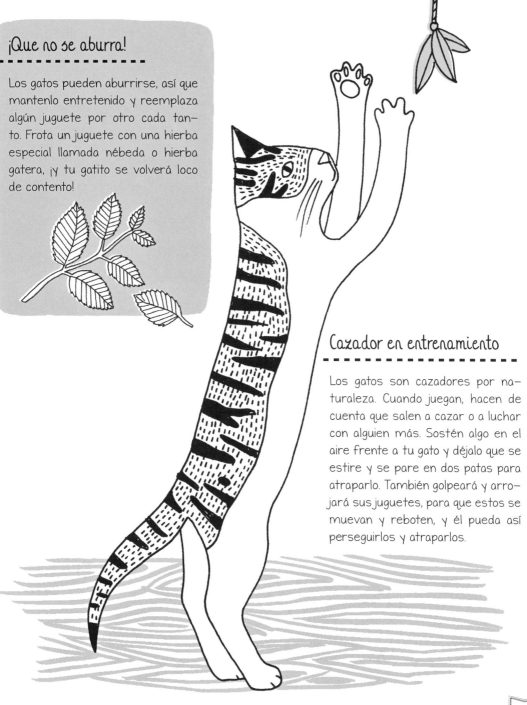

¡Que no se aburra!

Los gatos pueden aburrirse, así que mantenlo entretenido y reemplaza algún juguete por otro cada tanto. Frota un juguete con una hierba especial llamada nébeda o hierba gatera, ¡y tu gatito se volverá loco de contento!

Cazador en entrenamiento

Los gatos son cazadores por naturaleza. Cuando juegan, hacen de cuenta que salen a cazar o a luchar con alguien más. Sostén algo en el aire frente a tu gato y déjalo que se estire y se pare en dos patas para atraparlo. También golpeará y arrojará sus juguetes, para que estos se muevan y reboten, y él pueda así perseguirlos y atraparlos.

ENTRENAR A TU GATITO

Mientras el gato sea chiquito, podrás entrenarlo para que actúe como tú deseas que lo haga.

Es difícil modificar los hábitos de un gato adulto, así que será mejor que comiences desde temprano. Un gatito no sabrá si está haciendo algo mal y no entenderá si lo castigas. Cuando lo estés entrenando, es importante recordar que le estás enseñando buenos hábitos, no lo estás castigando.

Lugares prohibidos

Puede haber cuartos en la casa donde el gato no debería ingresar, o armarios en los que podría quedarse encerrado. O tal vez, quiera saltar sobre mesas donde hay comida. Tu gato debe aprender que esos lugares están fuera de los límites.

Levántalo en brazos de inmediato cada vez que lo haga. Chista y dile "¡no!" con firmeza. No exageres tampoco, porque la idea no es asustarlo. Solo alarmarlo y advertirle para que aprenda a no acercarse a esos lugares.

Rasguñar los muebles

De la misma manera, puedes entrenarlo para que no rasguñe los muebles y las alfombras en la casa. Sin embargo, es verdad que todos los gatos necesitan algo que arañar para poder mantener sus garras en buenas condiciones.

Lo que puedes hacer es comprarle un poste especialmente diseñado para rasguñar. Debería ser lo suficientemente robusto y alto como para que pueda estirarse por completo sobre él.

Usar las piedritas sanitarias

Coloca la bandeja con las piedras sanitarias lejos de los tazones de comida y de agua, y colócala en un lugar tranquilo y seguro. Los gatos necesitan sentir que están solos y a salvo cuando van al baño. Tu gatito deberá aprender que esta bandeja con piedritas es el único lugar donde tiene permitido hacer sus necesidades. Si ves que lo hace en otros sitios de la casa, levántalo de inmediato, repréndelo y llévalo hasta la bandeja. Si ya ha hecho sus necesidades fuera de la bandeja, limpia todo y luego, enjuaga el piso con vinagre para cubrir el olor, así el gato no volverá a usar ese espacio otra vez. No olvides usar guantes de goma cuando lo hagas.

Si prefieres que tu gato haga sus necesidades fuera de la casa cuando sea más grande, mezcla un poco de tierra con las piedritas en la bandeja, y coloca la bandeja junto a la puerta que dé al patio o el jardín. Una vez que pueda salir afuera por su cuenta, mueve la bandeja y déjala en el jardín hasta que él solito encuentre su propio espacio allí.

ALGUNOS TIPS

- Sé coherente. No lo reprendas un día por saltar sobre la mesa si luego dejarás que lo haga al día siguiente.

- No lo golpees. De todas maneras, no te entenderá y existe la posibilidad de que lo lastimes.

- No lo castigues después de haberse portado mal. En cambio, intenta atraparlo en el acto.

- Un gato no usará las piedritas si la bandeja está sucia. Remueve el excremento tan pronto como lo veas, y asegúrate de lavar la bandeja regularmente.

- Siempre usa guantes de goma y lava tus manos luego de manipular las piedritas, porque el excremento de gato puede ser nocivo.

LENGUAJE GATUNO

Tal como las personas, los gatos tienen diferentes personalidades y estados de ánimo. Cuanto más tiempo pases con tu gato, mejor entenderás su lenguaje corporal. Pronto, tu gato podrá hablarte sin tener que decir una sola palabra.

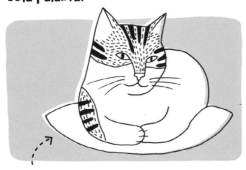

Amigable

Para identificar a un gato amigable, fíjate que sus orejas estén apuntando hacia adelante, los bigotes estén algo erizados y su cola esté erguida. Su maullido debería sonarte amigable también.

Relajado

Sabrás cuando está en su estado de mayor relajación: se encontrará sentado o echado en el suelo con los ojos a medio cerrar y ronroneando.

Molesto

Ten cuidado si la cola de un gato se mueve mucho, tiene las orejas echadas hacia atrás y las pupilas agrandadas. Estas son señales de que el gato está irritado.

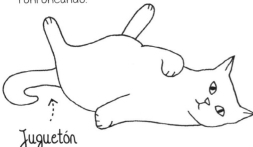

Juguetón

Si tu gato da vueltas en el suelo y su cola está enroscada, las orejas hacia adelante y los bigotes erizados, ¡seguramente esté listo para jugar!

Agresivo

Fíjate si bufa o si tiene el lomo encorvado, pelo erizado sobre la columna, cola rígida, o las pupilas dilatadas. Este gato está listo para pelear.

¡MIAAAAAU!

Tu gato hará muchos sonidos diferentes, y todos ellos significarán algo.

🐾 Maullido: Puede significar muchas cosas, incluyendo "¡Hola!", "¡Aliméntame!" o "¡Ábreme la puerta!".

🐾 Ronroneo: Señal de un gato contento.

🐾 Bufido o siseo: Señal de enojo o miedo.

🐾 Aullido: Podría significar que tu gato está asustado o en problemas, tal vez atrapado en algún armario o herido. Si tu gato no ha sido esterilizado (ver página 30), estos sonidos también podrían ser parte de su etapa normal de apareamiento.

🐾 Parloteo o gorjeo: Tu gato podría hacer sonidos extraños si está sentado junto a una ventana observando pájaros u otros animales. Podría ser una señal de excitación o frustración al no poder alcanzar una presa.

Asustado o alarmado

Un gato nervioso o asustado tendrá la cola caída y las orejas y los bigotes aplastados. También podría sisear o bufar.

AL AIRE LIBRE

Tu gato tiene lo mejor de los dos mundos. Adentro, puede disfrutar del confort y de la compañía humana. Mientras que afuera, puede hacer cosas que son naturales para un gato salvaje: cazar, defender su territorio y disfrutar del sol.

¿Cuándo puede salir?

Deberás hacer que tu gatito se quede dentro por dos semanas luego de haber terminado con la primera etapa de vacunas (que suele ser a las 13 o 14 semanas de vida). Si quieres llevarlo afuera para explorar el jardín, asegúrate de quedarte con él durante los primeros meses. Tu gato no debe salir por su cuenta hasta que sea esterilizado (ver página 30), algo que suele hacerse a los 5 o 6 meses de vida.

Puertas para gatos

Sería útil que tuvieras una gatera para que tu gato pueda entrar y salir cuando quiera. Para enseñarle cómo usarla, sostiene la gatera abierta e invítalo a atravesarla mostrándole algo de comida. Para evitar que entren otros gatos, puedes colocar las gateras que solo se abren cuando detectan una señal especial emitida por el collar de tu gato.

Cazar y pelear

Si tu gato trae consigo una criatura que haya cazado, trata de no enojarte. Cazar es un instinto natural en un gato y, al traerte su presa, te está demostrando que siente un lazo familiar contigo. La mayoría de las peleas de gatos tienen que ver con el territorio. Los gatos marcarán su territorio y lo defenderán intensamente. La mejor manera de detener una de estas peleas es simplemente aplaudir y hacer ruido.

Extravíos

A veces los gatos no pueden encontrar el camino de regreso a casa. Si tu gato se pierde, coloca carteles en tu barrio y da aviso a refugios locales. Y no pierdas las esperanzas: algunos gatos han regresado después de haber estado fuera de sus hogares durante meses.

Es conveniente colocarle un collar y una chapa de identidad con tu número de teléfono. Pero debes elegir un collar que sea fácil de remover para que el gato pueda quitárselo en caso de que se quede atorado, por ejemplo. También, es una buena idea colocarle un microchip. Este procedimiento debe ser hecho por un veterinario y garantiza que podrá serte devuelto si alguna vez se pierde.

Evitar riesgos

Algunas personas obligan a sus gatos a quedarse dentro durante la noche, cuando es más probable que se vean envueltos en peleas o que puedan escaparse.

Si vives cerca de una calle muy transitada, será mejor que tu gato se quede en casa durante las horas de mayor movimiento. Podrás lograrlo si le sirves su alimento en estos horarios. Incluso, puede ser conveniente conseguirle un collar fluorescente para que los conductores puedan verlo mejor.

ALIMENTACIÓN

Al principio, es recomendable darle la misma dieta que tenía cuando estaba con su criador, para evitar que la comida le caiga mal.

Si quieres modificar esa dieta, deberás hacerlo de manera gradual durante 10 días. Hazlo mezclando un poco del nuevo alimento con el viejo, y aumenta las proporciones del alimento nuevo cada día.

Los gatitos tienen estómagos muy pequeños, así que necesitan comer poco pero seguido. Pueden quemar hasta tres veces la cantidad de calorías que queman los gatos adultos, así que necesitan alimentos especiales para ellos. El alimento de alta calidad para gatitos, está elaborado para brindarles todos los nutrientes que necesitan. Puede ser húmedo (en lata o en sobre) o seco.

¡No interrumpas a tu gatito mientras está comiendo!

Es difícil saber cuánta comida debes darle porque todos los gatos son diferentes, pero puedes comenzar siguiendo las instrucciones en el paquete. Si tu gato nunca termina lo que le colocas en su tazón, podrás comenzar a darle porciones más pequeñas.

Alimenta a tu gato siempre en el mismo lugar y a la misma hora todos los días, porque los gatos son criaturas de hábitos. Elige un sector de la casa que sea tranquilo y se encuentre lejos de su bandeja de piedras sanitarias. No lo molestes mientras esté comiendo y desecha el alimento húmedo que haya estado servido por más de media hora.

¿CON QUÉ FRECUENCIA DEBO ALIMENTARLO?

🐾 Hasta los 4 meses (luego del destete): 4 comidas al día

🐾 De 4 a 6 meses: 3 comidas al día

🐾 A partir de los 6 meses: 2 comidas al día

Alimentar un gato adulto

Cuando tu gato haya crecido lo suficiente, deberás cambiar, poco a poco, a un alimento más completo para gatos adultos. Eso suele suceder al año de haber nacido.

Cuando tu gato tenga siete u ocho años, es probable que se vuelva menos activo, y el veterinario tal vez te recomiende que cambies, de forma gradual, a un alimento para gatos pensado especialmente para los más viejos.

Bebida

Deja un tazón con agua en el suelo siempre, especialmente si le sirves alimento seco. Si pareciera que no tiene ganas de beber de ahí, inténtalo con un tazón más grande. A algunos gatos no les gusta cuando sus bigotes tocan el borde. No debes servirles leche. Esto podría provocarles diarrea.

Elige un alimento de buena calidad y asegúrate de que sea el indicado para el tipo de gato que tienes.

Premios

La mayoría de los bocadillos para gatos son para gatos adultos; así que si el tuyo es un gatito bebé, no podrá comerlos. Darle a un gato adulto un bocadillo con la mano es una buena manera de fortalecer el lazo entre los dos, pero asegúrate de que sea uno que tu gato pueda comer. Algunos alimentos pueden ser dañinos. Por ejemplo, las cebollas, el chocolate, las uvas y las pasas de uva.

ASEO

Los gatos son animales muy particulares en su limpieza y los gatitos aprenden pronto a hacerlo ellos solitos.

Una forma muy cariñosa de afianzar el lazo con tu mascota es cepillarlo y, de esa manera, también podrás comprobar que esté bien de salud. Comienza a asearlo desde muy temprana edad, y así aprenderá a disfrutarlo. Primero, dale una pequeña palmadita y luego, comienza a cepillarlo con mucho cuidado, siempre y cuando esté relajado.

Qué cosas chequear

Asear a tu gato te dará la oportunidad de buscar bultos, heridas o rasguños que tal vez quieras que vea el veterinario más adelante. También deberías asegurarte de que las orejas estén limpias por dentro, que sus patas no tengan ningún tipo de corte o que las uñas no estén demasiado largas. Y también, que no haya manchas o le falte pelo en alguna parte de su cuerpo. Todo eso podría requerir alguna especie de tratamiento.

Bolas de pelo

En algunas épocas del año, tu gato mudará el pelaje. Deberás cepillarlo muy bien cuando esto suceda, o podría tragarse muchos pelos, lo que podría contribuir a la formación de bolas de pelo en el estómago.

Gatos de pelo largo

Un gato de pelo largo necesitará que lo peines y lo cepilles regularmente... Todos los días de ser posible. Primero, desarma los nudos que encuentres con un peine de dientes gruesos. Puedes probar esparcir un poco de talco sobre los nudos y luego intentar deshacerlos con tus dedos. Acto seguido, cepilla todo el pelaje. La mejor manera de desechar los pelos sueltos es cepillar en la dirección contraria a cómo crece el pelo. Nunca uses tijeras para remover el pelo enmarañado, ya que sin quererlo podrías dañar la piel de tu gato.

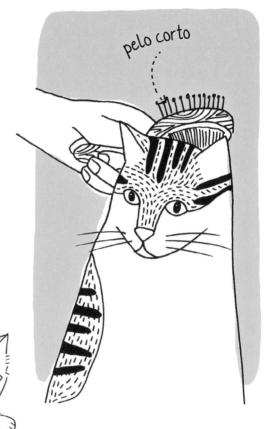

pelo corto

pelo largo

Gatos de pelo corto

Los gatos de pelo corto no necesitan mucho aseo durante la mayor parte del año. Pero una sesión de cepillado de vez en cuando eliminará todos los pelos sueltos y mantendrá su piel saludable. Sin embargo, cuando tu gato esté mudando el pelaje, es recomendable que lo cepilles regularmente para evitar la formación de bolas de pelo. Hazlo con mucho cuidado y con un cepillo de cerdas suaves, de la cabeza a la cola.

LA SALUD DE TU MASCOTA

Hay algunos detalles que debes tener en cuenta para asegurarte de que tu gato está fuerte y saludable.

Si lo notas decaído, que no come su comida o que tiene diarrea durante un par de días, no dudes en llevarlo al veterinario. No pospongas la visita al veterinario. Incluso si lo notas sano y fuerte, es recomendable que lo vea una vez al año para un chequeo general y la actualización de vacunas.

SEÑALES DE ENFERMEDAD

Estas señales podrían significar que algo le sucede a tu gato.
¡Presta atención!

- Come menos de lo normal
- Bebe más de lo normal
- Se ve enfermo
- Tiene diarrea
- Tiene dificultad para hacer sus necesidades
- Su pelaje está opaco y separado en mechones
- Tiene dificultades para respirar
- Ojos opacos o llorosos
- Nariz mocosa
- No se asea solo

> El veterinario te mostrará cómo limpiar sus orejas y cortar sus uñas.

Vacunas

Tu gatito debe ser vacunado contra la gripe felina y otras enfermedades. Necesitará dos inyecciones con algunas semanas de diferencia (generalmente a las 9 y 12 semanas de vida), más un refuerzo anual.

Rasguños

Si tu gato sale herido en una pelea, puedes limpiar sus heridas con agua tibia (hiérvela primero, y luego deja que se entibie) mezclada con un poco de sal. Deberás llevarlo al veterinario para revisar la herida en busca de alguna infección y evaluar la necesidad de puntos.

Lombrices y pulgas

Las lombrices son unos pequeños parásitos que viven en los intestinos de los gatos. De vez en cuando, deberás darle a tu gato antiparasitarios. Pregúntale al veterinario qué comprar exactamente y cada cuánto administrárselos.

Despulga a tu gato de manera regular, incluso si no crees que tenga pulgas. Deja que tu veterinario te indique qué producto adquirir, y seguramente, será más efectivo que los tratamientos genéricos que se venden en las tiendas para mascotas.

Enfermedades graves

Un día, tu gato podría enfermarse o tener un accidente, y sentir mucho dolor. El veterinario tal vez te aconseje que lo mejor que puedes hacer por él es sacrificarlo: darle una inyección que lo ayudará a morir sin dolor, como si se estuviese yendo a dormir. Esta decisión quizás sea la más dura y triste que tú y tu familia vayan a tomar jamás, pero quizás también sea el gesto menos egoísta que puedas hacer por él.

NUEVOS GATITOS

Elegir tener gatitos

Si quieres que tu gata tenga crías, hay determinadas épocas del año donde la hembra estará en celo, lo que significa que hay épocas especiales para que una gata quede preñada. Verás que se pone inquieta y aúlla, intentando hallar una pareja. Si tienes una gata de raza y quieres que tenga crías de raza también, deberás encontrar un gato de su misma raza para que eso suceda.

 No debes dejarla estar afuera mientras esté en celo porque podría juntarse con un gato callejero y entonces sus crías no serán puras.

Esterilización

Antes de que tu gato o gata cumpla los seis meses de vida, deberás decidir si vas a esterilizarlos o no. Se trata de una intervención simple que hará que no puedan tener bebés.

Si tienes un gato macho y no lo esterilizas, podría escaparse para buscar una hembra y perderse. También podría verse envuelto en peleas con otros gatos machos, y emanará un olor muy fuerte por todos lados.

Una gata sin esterilizar puede tener hasta tres embarazos por año, ¡con cinco o seis crías cada vez!

Cuidar de una gata preñada

Si tu gata está embarazada, deberás llevarla al veterinario para controlar que todo esté bien. Su preñez durará nueve semanas. Verás que tiene más hambre de lo habitual, así que deberás servirle porciones más grandes de comida. También necesitará nutrientes extra, por lo que se reco-mienda volver gradualmente a una alimentación especial para gatitos.

Nacimiento

Antes de entrar en trabajo de parto, la gata buscará algún lugar especial donde dar a luz, ¡así que mantén armarios y cajones cerrados! Coloca algunas cajas de cartón forradas con papel periódico y algunas mantas en lugares cálidos y tranquilos, para que ella pueda elegir. La mayoría de las gatas no tienen problemas para parir a sus crías y prefieren estar solas cuando lo hacen. Una vez que los gatitos hayan nacido, se alimentarán de la leche de su mamá. Ella necesitará comer mucho para poder producir la suficiente cantidad de leche.

Cuando los gatitos hayan cumplido dos días de vida, comienza a acariciarlos con mucho cuidado y hazlo con un solo dedo. A las dos semanas, podrás levantarlos y sostenerlos en tus brazos durante unos pocos minutos al día. Pasadas las cuatro semanas, los gatitos se volverán un poco más osados y ya podrás jugar con ellos. ¡Disfruta este momento especial de ver cómo los nuevos gatitos corren y aprenden a explorar el mundo!

No juegues con un gatito por más de cinco minutos hasta que hayan abandonado la caja donde nacieron.

31

ÍNDICE